LES MEMBRES DE L'ASSEMBLÉE NATIONALE.

Pétition

De M. ISAUTIER, Propriétaire à l'Ile de la Réunion.

Messieurs les Représentants,

Né en France, de parents français, habitant de l'Ile de la Réunion depuis 1832, propriétaire dans cette colonie d'une habitation, chef d'une vaste exploitation, que j'y ai fondée, le décret d'émancipation des noirs a porté un coup mortel à mon établissement industriel ; en détruisant la valeur du gage des capitaux qui y sont engagés, il m'expose à une ruine imminente et complète.

L'acte d'émancipation a été dommageable à tous les colons sans exception, mais les circonstances toutes spéciales de ma position dans la colonie, comme propriétaire et industriel, le rendent au plus haut point désastreux pour moi. Dans cette situation exceptionnelle, j'ai adressé à M. le ministre de la Marine et des Colonies, protecteur naturel des intérêts des colons, un mémoire explicatif et très détaillé, mais aux conclusions duquel il n'a pu faire droit sans votre autorisation

Quoique je sois plus gravement lésé, tous les colons, je le répète, le sont à des degrés divers ; ma cause est la cause de tous, c'est donc une question d'intérêt public que je soumets au jugement de la législature, et c'est sur des considérations générales d'équité et de droit, qu'elle doit être traitée devant elle.

Les colons n'ont rien à objecter à l'acte d'émancipation considéré en lui même, dicté

1850

par des motifs moraux et sociaux d'un ordre supérieur, inspiré par un sentiment noble et élevé de la dignité humaine, qui a pénétré dans toutes les consciences, ils l'approuvent en principe. Ils ne contestent donc pas la légitimité de la mesure, comme on les en accuse souvent, mais ils se plaignent, et ont les plus justes motifs de le faire, du mode d'exécution, parce qu'il viole à leur égard non seulement l'équité naturelle, mais encore la légalité positive, et est même en contradiction avec les intentions des auteurs de l'acte de libération.

Quoiqu'on puisse penser, sous le rapport moral et philosophique de la propriété supprimée par le décret d'affranchissement, toujours est-il qu'elle est légalement parlant aussi légitime que toutes les autres. Consacrée de temps immémorial par le droit public et privé de toutes les nations, soumise chez nous aux mêmes conditions de transmission, aux mêmes charges, elle réclame à tous les titres les mêmes garanties, le même respect, la même sécurité.

L'art. 11 de la constitution, répétant la formule des constitutions ou chartes antérieures, déclare toutes les propriétés inviolables, il ne fait aucune distinction, ni exception. D'autre part le même art. 11, également emprunté aux législations précédentes, décrète que nul ne peut être privé de sa propriété (pour cause d'utilité publique), *sans une juste et préalable indemnité.*

Tels sont les principes qui règlent la propriété. Inscrits en tête de nos lois fondamentales, comme bases essentielles de la société, ils ne sont contestés par personne; les auteurs même du décret d'émancipation leur ont explicitement rendu hommage, en joignant a la déclaration qui abolit l'esclavage, la condition de l'indemnité, qui consacre le droit de propriété. En supprimant le maître, ils ont entendu respecter le propriétaire. En réservant l'indemnité, ils avaient reconnu le principe. L'Assemblée constituante l'a plus formellement proclamée en la votant.

Ceci entendu, l'acte d'émancipation n'est en fait qu'une *expropriation pour cause d'utilité publique*; ici, il est vrai, l'utilité publique est purement de l'ordre moral ; elle ne peut pas être légalement constatée suivant la prescription de la loi, comme lorsqu'il s'agit d'assainissement ou d'embellisement, mais elle l'est moralement dans la conscience de tous, elle peut donc être prise en considération par l'autorité publique, et donner lieu à une expropriation légale; il n'y a pas non plus à contester sur ce point.

Mais l'expropriation pour cause d'utilité publique, n'est pas une dépossession pure et simple, puisqu'il est entendu que le possesseur sera indemnisé, *c'est-à-dire dédommagé*; on lui ôte, il est vrai, sa chose, mais il en conserve la valeur; sa liberté, ses goûts, ses habitudes peuvent être violentés, mais son capital reste intact; il peut souffrir moralement, mais il ne perd rien, c'est ce qu'à voulu la loi, en prescrivant que l'indemnité soit juste et préalable, il faut qu'elle soit juste, c'est-à-dire, qu'elle indemnise réellement et véritablement l'exproprié, qu'il ne subisse aucune perte, et pour qu'elle soit juste, il faut qu'elle soit préalable, car si elle n'était que promise, elle deviendrait jusqu'à un certain point incertaine, elle ne donnerait à l'exproprié qu'un droit à la valeur de sa chose, et non la valeur même ; il resterait temporairement dépouillé et ne serait pas réellement et actuellement dédommagé. C'est à ces conditions

— 3 —

seules, formellement inscrites dans la loi, que l'expropriation pour cause d'utilité publique, ou d'intérêt public, est conciliable avec l'inviolabilité du droit de propriété. Sans ces conditions, elle est une simple dépossession, une spoliation.

Maintenant l'indemnité allouée par la constituante a-t-elle ces conditions ? Examinons :

Et d'abord comment a-t-on procédé à la fixation du chiffre ? de la manière la plus arbitraire. Les parties intéressées n'ont été consultées, ni directement, ni par leurs représentants, qui à cette époque n'étaient pas encore nommés.

Le débat contradictoire est pourtant du droit commun en pareille matière; il était d'autant plus indispensable ici, que les propriétés et les propriétaires étaient fort loin et que la question était elle-même pleine de difficultés toutes spéciales ; les colons ont été mis hors du droit commun, jugés et exécutés en masse, sans avoir été entendus.

Voilà pour la forme de la procédure, venons au chiffre.

Ce chiffre est de 2, 055, 000 fr. de rentes 5 °/₀ appliqué à l'Ile de la Réunion ; il ne représente guère en moyenne, que le quart de la valeur de la propriété dont il est censé le prix; il accorde environ 700 fr. par noir (en supposant la rente au pair), tandis que ces noirs ont été achetés et payés en moyenne plus de 3000 fr. (1).

Mais si ce chiffre est déjà par lui-même dérisoire, le mode de paiement et de distribution de l'indemnité le réduit presqu'à rien. En effet, les colons ne devant recevoir leurs titres qu'en 1852, l'indemnité n'est pour eux qu'une promesse. A la vérité l'État leur tient compte d'un intérêt de 5 °/₀ ; mais l'intérêt étant à 12 °/₀ aux colonies, l'indemnisé perd encore 7 °/₀, chaque année, sur la valeur de son titre, dont il ne peut faire usage jusqu'à sa remise. En attendant, les colons privés des services et du travail de leurs noirs, et par suite d'une partie de leurs revenus, sont réduits à vendre par anticipation leurs titres et droits éventuels à l'indemnité promise; de nombreux spéculateurs exploitent la colonie. La crainte, fondée ou non, du non paiement de l'indemnité, les besoins immédiats des détenteurs des coupons de noirs, le discrédit général de toutes les valeurs ont fait baisser rapidement la valeur de ces titres.

D'après les dernières nouvelles, les coupons de noirs sont vendus à raison de 200 ou 300 fr., et les noirs qu'ils représentent ont pu coûter de 2 à 4000 fr.!

Si la banque coloniale décrétée fonctionnait, elle pourrait prendre à l'escompte les coupons de noirs et rendre à la colonie d'immences services en faisant baisser le taux de l'intérêt ; mais cette institution est encore à l'état de projet et soumise aux délibérations du Conseil-d'État.

Quelques détails sur ma position personnelle feront, mieux que ces faits généraux, ressortir l'injustice dont les colons sont victimes et l'étendue des dommages qu'ils éprouvent.

Propriétaire pour moitié d'un établissement de sucrerie, me trouvant en outre à la tête de capitaux disponibles, j'eus la pensée d'introduire dans la colonie des scieries

____
(1) 94 noirs m'ont coûté 291,850 fr.

mécaniques, projet qui fut hautement approuvé et encouragé par le gouverneur et par les premiers administrateurs de la colonie.

Ils avaient compris que c'était le seul moyen de remédier aux dommages occasionnés dans les forêts par l'inexpérience des noirs employés à l'exploitation des bois, et qu'il devait résulter de cette nouvelle industrie, économie d'arbres, économie de bras, et amélioration dans la confection des produits.

Les dépenses à faire étaient considérables. La plus importante, comme la plus indispensable, consistait dans l'acquisition d'un nombre suffisant de travailleurs. J'achetai donc pour la somme de 291,850 fr. (1) les ouvriers et les manœuvres qui m'étaient nécessaires et je fis fabriquer mes machines à vapeur chez MM. Derosne et Cail, *mécaniciens à Paris.*

C'est une satisfaction bien légitime pour moi, MM., de vous faire remarquer (les procès verbaux ci-joints en font foi), que ces 94 esclaves n'étaient pas tous propres au genre d'occupation projeté ; que dans leur nombre, se trouvaient au contraire des femmes et des enfants dont j'ai préféré accepter la charge onéreuse, plutôt que de séparer des familles déjà formées, et qu'en cela j'étais animé d'un sentiment d'humanité, trop souvent et toujours, injustement contesté aux colons.

Mes capitaux disponibles furent bientôt absorbés par l'achat des machines et la construction des bâtiments ; pour l'acquisition du personnel il me fallut recourir à un emprunt et engager ma sucrerie ; une maison de commerce me prêta 200,000 fr. sur cette propriété, et avec ce secours l'exploitation de ma scierie commença et s'établit d'une manière satisfaisante.

L'acte d'émancipation a subitement anéanti le fruit de tous ces travaux et de ces fatigues ; toutes les constructions ont cessé dans la colonie, et ma scierie à peine ouverte est condamnée à l'inactivité ; le crédit n'existe plus, et la maison qui m'a avancé les fonds en exige impérieusement le remboursement, soit parce qu'elle a réellement besoin de ses capitaux, soit parce qu'elle désire profiter de la dépréciation de toutes les valeurs immobilières pour s'emparer de son gage. Sans l'émancipation qui m'a enlevé mes noirs, j'aurais retrouvé dans leur valeur plus que la somme nécessaire à dégager ma sucrerie, que je suis sur le point de voir passer en des mains étrangères.

Vous le voyez, MM., ma ruine est imminente, elle sera complète si l'État ne me vient en aide par quelque mesure réparatrice. L'Assemblée législative a seule le pouvoir de prévenir, du moins en partie, les désastreuses conséquences du décret du gouvernement provisoire et du vote de l'Assemblée constituante.

Je viens vous demander d'autoriser M. le Ministre de la Marine à m'avancer pour quatre années la somme de 150,000 fr., qui serviraient immédiatement à payer mon créancier hypothécaire, et j'offre à l'État de lui donner pour garantie un privilège en première ligne sur mon habitation, terres et usines, dont la valeur est bien supérieure à cette somme, et dont l'importance est démontrée par le tableau ci-après des revenus des huit dernières années.

1) Voir les procès-verbaux de vente authentiques ci-annexés.

PRODUITS DE L'ÉTABLISSEMENT DE SUCRERIE,
OFFERT EN GARANTIE PAR LE PÉTITIONNAIRE.

Je soussigné, directeur de l'établissement de marine Orré et neveux, certifie que la sucrerie appartenant à MM. Orré et L. Isautier, a déposé dans les magasins les quantités de sucre ci-dessous désignées, de 1841 à 1848 :

1841.	4,676 balles.	292,500	kilog.
1842.	5,743 »	358,937	»
1843.	7,220 »	451,250	»
1844.	7,737 »	483,562	»
1845.	4,801 »	300,062	»
1846.	4,622 »	288,875	»
1847.	3,684 »	228,000	»
1848.	4,721 »	295,062	»

Signé : SERRADE.

En faisant la moyenne des produits ci-dessus, on obtient par année, 337,000 k. de sucre, soit en argent (le sucre à 50 les 100 k°, cours ordinaire dans la colonie), la somme
de   168, 500   f. 168, 500
à déduire pour frais annuels   50, 000
reste à partager entre les deux associés   118,500

C'est-à-dire pour ma part 59, 250, que je verserais dans le trésor de la colonie, jusqu'à extinction de ma dette envers l'État.

Je comprends, MM., que vous ne puissiez pas accéder immédiatement à cette demande sans confirmation des faits exposés dans ce mémoire.

Je vous supplie de consentir purement et simplement dès à présent, au prêt que je réclame de l'État, et d'autoriser le pouvoir exécutif à donner des ordres à M. le Gouverneur de la Réunion, pour qu'il me délivre, après examen de ma position, des traites sur le trésor métropolitain, contre la mise en règle du privilège hypothécaire.

Je prends la liberté de vous rappeler, MM., que des secours du même genre ont été accordés à des industriels de l'Algérie.

Vous reconnaîtrez, MM., avec tous les gens équitables, qu'en votant 700 fr. pour des noirs qui en ont coûté plus de 3,000 en moyenne, il n'y a pas eu véritablement indemnité, si par indemnité on entend la réparation d'un dommage causé, et la restitution d'un capital engagé sur la foi et sous la garantie des lois. Vous reconnaîtrez qu'en proclamant l'émancipation dans la forme et aux conditions adoptées, on a violé à l'égard des colons la justice, le droit et la loi, on les a traités avec une indifférence, une négligence, ou plutôt avec une hostilité injustifiables. Les lumières n'auraient cependant pas manqué si on avait voulu procéder avec maturité et justice ; d'autres gouvernements ont entrepris avant nous cette réforme, leur conduite aurait pu nous servir de guide.

L'Angleterre a émancipé les esclaves de ses colonies, mais comment s'y est elle pris?

Elle ne s'est pas contentée de proclamer l'inviolabilité des propriétés, elle les a respectées.

Quoique chargée d'une dette bien plus lourde que la nôtre, elle a voté un demi milliard pour ses colons dépossédés. Elle a accordé une indemnité juste, c'est-à-dire équivalente à la perte, et de plus préalable, car elle a payé avant d'émanciper. En outre, plus prudente et plus véritablement humaine, elle a, dans l'intérêt bien compris des maîtres et des esclaves libérés, ordonné 4 ans d'apprentissage. La France resterat-elle au-dessous de l'Angleterre; on a mis en avant les embarras du trésor, mais les considérations d'argent ne doivent-elles pas disparaître devant les questions d'équité. Par raison d'économie peut-elle devenir injuste.

Vous pouvez vous convaincre, MM., en jetant les yeux sur la liste nominative cijointe des 94 esclaves, tous achetés en 1845 et 1846, pour les travaux de ma scierie, qu'il résulte pour moi de la différence existant entre les sommes déboursées pour cette acquisition seulement, et le chiffre alloué pour indemnité, une perte de plus de 230,000 fr.

Quoique cette perte ne représente qu'une faible partie de celles que j'éprouve, je ne viens pas en demander le remboursement, je ne cherche pas à être traité plus favorablement que le reste de mes compatriotes, quoique mes intérêts soient bien plus gravement compromis ; je sollicite seulement une avance momentanée de fonds dont je paierai les intérêts, un prêt contre un privilège en première ligne, reposant sur mon établissement de sucrerie.

Je ne cherche point à plaider plus longuement ma cause, je n'ai voulu que vous l'exposer simplement, en fournissant à l'appui des pièces justificatives. Plus qu'un autre j'ai été victime de l'acte d'émancipation, je le dis sans crainte d'être démenti, parce que je suis le seul habitant qui ait consacré son temps et ses moyens pécuniaires à l'installation d'une industrie nouvelle, avantageuse à la colonie.

Plein de confiance dans les lumières, l'impartialité et la justice de l'Assemblée législative, je lui livre ces observations : elles reproduisent fidèlement, quoique bien faiblement, les griefs et les justes motifs de plaintes des colons, dont la cause est liée à la mienne ; elles pourront servir à éclairer l'Assemblée sur la question de l'indemnité, qui n'est pas définitivement jugée, et qui, nous l'espérons tous, le sera dans un sens plus conforme à l'équité et au droit.

Quant à moi, je me borne en finissant, MM., à recommander ma demande à votre bienveillante et impartiale attention. C'est à vous de décider, s'il y a lieu à autoriser M. le ministre à me venir en aide, dans la forme et par les moyens que j'indique. Ces moyens sont peut-être inusités mais ma position est elle-même très exceptionnelle, et exige des secours analogues.

Je suis, avec respect, MM. les Représentants,
votre très humble et très obéissant serviteur,

Isautier.

PIÈCES JUSTIFICATIVES.

Ces pièces, telles que les procès-verbaux d'encan de divers notaires de la colonie et bordereaux d'agents de change, constatant que M. Isautier a acquis les quatre-vingt-quatorze noirs dont il est question plus haut, pour la somme de 291,850 fr., ont été communiquées à M. le Ministre de la Marine, conformes aux originaux ; toutefois, je crois devoir annexer à ce mémoire les extraits suivants :

1° Du procès-verbal d'encan des esclaves de la succession Leichnig, par Me Ant. Richard, notaire à St-Joseph, a été extrait littéralement ce qui suit :

Isidor, cafre, 33 ans, adjugé à M. Isautier pour la somme de. . F.	3,625 »
Pierre Denis, créole, 15 ans, adjugé au même pour.	2,750 »
Joséphine, créole, 41 ans, Paul-Émile, créole, 4 — adjugée au même, avec ses enfants, pour..	4,025 »
Marie-Charité, id., 5 —	
Adonis, cafre, 42 ans, adjugé au même pour.	3,600 »
Lindor, cafre, 46 — , au même.	3,800 »
Vincent, cafre, 32 ans, —	4,750 »

Signé : RICHARD, notaire.

2° Du procès-verbal d'encan des esclaves de M. Orré, par Me Le Cocq, notaire à St-Pierre, a été extrait littéralement ce qui suit :

Marc, créole, 26 ans, adjugé à M. Isautier pour la somme de . . .	3,800 »
Joseph, créole, 33 ans, au même pour.	3,025 »
Louis-Joseph, son fils, 8 ans, au même	2,750 »

Signé : LE COCQ, notaire.

3° Du procès-verbal d'encan des esclaves de M. David, par Me Le Cocq, notaire, a été extrait littéralement ce qui suit :

Lami, malgache, 33 ans, adjugé à M. L. Isautier pour la somme de.	4,025 »
Annette, créole, 43 ans, adjugée au même pour..	3,250 »

Signé : LE COCQ, notaire.

A Reporter..	59,400 »

Report   59,400   »

4° Du procès-verbal d'encan des esclaves de la succession Chérimont-Lebon, par M^e Le Cocq, notaire, a été extrait littéralement ce qui suit :

Lafleur, malgache, 36 ans, adjugé à M. Isautier pour	5,025	»
Tata, id., 54 —, adjugé au même pour	5,775	»

Signé : LE COCQ, notaire.

5° Déclaration de M. Ch. Orré, propriétaire à St-Pierre, constatant qu'il a vendu et livré à M. et Mme Isautier la quantité de onze esclaves, dont suivent les noms, castes et âges .

Didier, créole, 56 ans, chef d'atelier, pour la somme de..	5,000	»
Jean-Baptiste, créole, 28 ans, scieur	5,500	»
Henri,	—	55 —	—	5,500	»
Vital,	—	30 —	—	5,500	»
Firmin,	—	58 —	—	5,500	»
Laurent,	—	54 —	—	5,500	»
César,	cafre,	52 —	—	5,500	»
Apollon,	—	51 —	—	5,500	»
Charly,	—	55 —	—	5,500	»
Adonis,	malgache,	42 —	—	5,500	»
Émile,	—	51 —	—	5,500	»

Ladite vente a été faite pour prix et somme de 40,000 fr., que je reconnais avoir reçu.

Signé : Ch. ORRÉ

6° Extrait du livre des bordereaux du sieur Poisson, ex-agent de change, constatant que M. Isautier a acheté de M. Boucaut un bateau, ainsi que les neuf esclaves dont suivent les noms, castes et âges :

Azénor, cafre,   24 ans.
Prime, créole,   24 — .
Jules, malgache,   30 — .
Félix, cafre,   30 —
Charles, créole,   16 — .
Georges, —   45 — .
Isor, cafre,   28 — .
Laurencine, créole, 12 — .
Massé, malgache,   26 — .

Pour prix et somme de.   50,000   »

Signés, les syndics de la faillite Poisson :

AUG. DIGUET, L. LEFEVRE.

A reporter   156,200   »

Report. . . . . .   156,200 »

7° Extrait du livre des bordereaux du sieur E. Poisson, ex-agent-de-change, constatant que M. Louis Isautier a acheté de M. Conil les esclaves suivants :

Arthur, créole;	pour prix de.	6.750 »
Fanor, —		

Signé, pour copie conforme,
Les syndics de la faillite Poisson :

AUG. DIGUET, L. LEFEVRE.

8° Déclaration du maire de la ville de St-Paul, constatant que ladite commune ayant fait vendre aux enchères les noirs de son atelier, les noirs ci-dessous désignés, ont été adjugés à M. L. Isautier, du quartier St-Pierre, pour la somme de. . . . .   40,240 »

Olivette, créole, 58 ans, et ses huit enfants :
- René, 21 —
- Olivier, 16 —
- Claudine, 19 —
- Emile, 14 —
- Françoise, 11 —
- Marianne, 10 —
- Vincent, 8 —
- Victoire, 7 —

Benoît, cafre, 45 —
Marie, créole, 30 — et ses trois enfants.
- Joson, 9 —
- Claire, 6 —
- François, 5 —

Séverin, créole, 52 —
Colette, créole, 54 —
Estelle, créole, 28 —
Joseph, malgache, 55 —
Charles, cafre, 54 —
Elie, créole, 29 —

Signé : le Maire de Saint-Paul, BURY fils.

9° Relevé des paiements du prix de quinze noirs, compris dans nos comptes-courants avec M. Louis Isautier, de Saint-Pierre, arrêtés au 51 décembre 1846 :

A MM. Noël Rolland, payé pour les nommés	Prosper	F.	6,662	50
— — — —	Alidor			
— Gendron, — —	Auguste		5,075	»
Ginone, — —	Félix		5,075	»

A reporter. 196,002 50

				Report.	196,002	50
A l'encan Chasseriau,	Martin,	}	. . . .		5,520	»
—	Antoine,				
— V. Sers,	Catilina,	}	. . . .		6,662	50
— —	Sylvain,				
— P. Sers,	André,	}			
— —	Paulin,	}	. . . .		14,350	»
— —	Michel,	}			
— —	Cyrille,	}			
A MM. C. Hein,	Ernestine.		. . . .		5,000	»
de Fleury,	Cécile. . .		. . . .		4,652	50
Selhausen,	Pierre-Louis.		. . . .		5,587	50

Ensemble, quinze noirs, montant à la somme de 50,385 francs.

Certifié conforme : DUPOUY et DESHAYES.

10° Déclaration de M. J. Désiré Leichnig, constatant qu'il a vendu à M. L. Isautier, l'esclave Vincent, créole, 20 ans, pour la somme de. . . F.   3,750 »

Signé : LEICHNIG.

11° Déclaration de M. Et. Gonefroy, constatant qu'il a vendu à M. L. Isautier, l'esclave Jean-Baptiste, créole, 17 ans, pour la somme de. .   3,000 »

Signé : Et. GONEFROY.

12° Déclaration de M. G. Lossandière, constatant qu'il a vendu à M. L. Isautier, le noir Songol, cafre, 28 ans, pour la somme de . . . . .   3,750 »

Signé : LOSSANDIÈRE.

13° Bordereau de M. L. Lambert, agent de change à St-Paul, constatant que pour compte de M. B. Beffié, il a vendu à M. Isautier, les esclaves dont suit le détail, pour la somme de . . . .   25,000 »

Casimir,	cafre,	31 ans,
Jean-Baptiste,	—	— —
Figaro,	—	30 —
Zéphirin,	créole,	33 —
Azor,	cafre,	29 —
Lancive,	—	41 —
Félix,	—	31 —
Louis,	—	33 —
Azolan,	—	30 —
Narcisse,	—	30 —

L'acquéreur reconnait avoir été prévenu que le nommé Azolan est actuellement retenù à la geôle, sous la prévention d'un crime, et qu'il prend à sa charge toutes les conséquences de ce fait

Signé : LAMBERT, Agent de change.

A reporter. 269,075 00

Report.   269,075   »

14° Bordereau de M. Lambert, agent de change, constatant que pour compte de Mlle Aurore Leclos, il a vendu à M. L. Isautier le nommé Eugène, créole, âgé de 24 ans, pour la somme de   3,230   »

Signé : LAMBERT

15° Bordereau de M. Lambert, agent de change, constatant que pour compte de Mme Ve Chauvet, il a vendu à M. L. Isautier, le nommé Blaise, créole, 18 ans, pour la somme de   5,000   »

16° Bordereau de M. Lambert, agent de change, constatant que pour compte de M. Aug. Laffitte, il a vendu à M. L. Isautier, le Nommé Simon, cafre, 35 ans, pour la somme de..   5,000   »

Signé : LAMBERT.

17° Bordereau de M. Lambert, agent de change, constatant que pour compte de M. Théodore Keranval, il a vendu à M. Isautier, l'esclave nommé Jules, cafre, 30 ans, pour la somme de   5,000   »

Signé : LAMBERT,
Agent de change à St-Paul.

18° Bordereau de M. Lambert, agent de change, constatant que pour compte de M. Rochemont Chauvet, il a vendu à M. Louis Isautier, l'esclave nommé Lubin, créole, pour la somme de   5,000   »

Signé : LAMBERT.

19° Du procès-verbal d'encan des esclaves de la succession Sablière, par M. Ph. Hoareau Desruisseaux, notaire à St-Pierre, il appert que M. L. Isautier s'est rendu acquéreur des esclaves ci-après désignés :

Annette, cafrine,   25 ans et

Pauline, créole,   6 —

Firmin   id.   5 — ses enfants,

Pour la somme de.   2,575   »

Signé . Ph. HOAREAU DESRUISSEAUX.

20° Du procès-verbal d'encan des esclaves dépendant de la succession des sieur et dame Falaise, par Me Hoareau Desruisseaux, notaire à St-Pierre, il appert que M. Isautier, s'est rendu acquéreur de l'esclave nommé Thom, créole, 26 ans, pour la somme de.   4,950   »

Signé : Ph. HOAREAU DESRUISSEAUX.

Total pour les 94 noirs ci-dessus.   291,850   »

Paris. — Imp. BOISSEAU et Ce, pass. du Caire, 123-124.